INAUGURATION

DES

MONUMENS

DE QUIBERON.

Lb 41. 1945.

INAUGURATION

DES

MONUMENS

DE QUIBERON,

LE QUINZE OCTOBRE 1829.

A VANNES,

De l'Imprimerie de J.-M. GALLES, Imprimeur du Roi
et de la Préfecture.

1829.

INAUGURATION

DES

MONUMENS DE QUIBERON.

Le 15 octobre 1829 a eu lieu, par ordre de Son Exc. le ministre de l'intérieur, l'inauguration des monumens élevés à la mémoire des victimes de Quiberon. Non loin de la plage tristement célèbre, qui vit en 1795 le débarquement et d'abord les succès d'une expédition terminée par la plus sanglante des catastrophes; à peu de distance de la petite ville d'Auray et près du champ fatal où, par les ordres d'un fougueux proconsul, une foule de Français, invoquant en vain la foi promise, furent impitoyablement massacrés, le voyageur aperçoit un édifice isolé, fondation du XIV.ᵉ siècle, connue dans le pays sous le nom *de Chartreuse*. Habité par des sœurs de la Sagesse et consacré à l'éducation des jeunes sourds muets de la province, c'est dans l'enceinte protectrice de cet asile des plus cruelles infortunes que, recueillis et transportés en 1814 par les soins de l'autorité publique, les ossemens des héros de Quiberon avaient aussi trouvé un refuge. C'est là que, quelque temps après, ils avaient été honorés de la visite, des larmes et des regrets d'un prince magnanime, qui devait plus tard garantir un peuple voisin de l'aveuglement qui avait amené parmi nous les réactions terribles dont il contemplait alors les lugubres débris ; et c'est dans le moment même qu'il s'acquittait de cette noble tâche, en digne petit-fils d'Henri IV, que son auguste épouse, apparaissant dans nos contrées comme un ange consolateur, était aussi venue s'agenouiller près de ces froides reliques, prier pour ceux dont elles rappelaient le dévouement et les malheurs et assurer à leurs mânes, trop long-temps délaissés, les honneurs d'un tombeau et la consécration de l'histoire.

Ces particularités remarquables et dix années de prières, de pélerinages et de vœux à la chapelle de la Chartreuse, avaient irrévocablement marqué dans ce lieu l'endroit où devaient reposer pour toujours les restes des victimes de Quiberon. Quel autre séjour d'ailleurs pouvait être plus agréable à leurs ombres généreuses qu'une chapelle érigée dans la plaine où s'était livrée, en 1362, la bataille qui remit la Bretagne sous le sceptre de ses souverains légitimes ; bataille non moins mémorable par ses circonstances que par ses résultats ; où commandaient en personnes Jean de Montfort, connu depuis sous le nom de Jean IV, dit le Vaillant, et son compétiteur Charles de Blois, qui y perdit la vie ; où se trouvaient de part et d'autre les plus grandes illustrations militaires de ces temps héroïques, les Duguesclin, les Beaumanoir, les Clisson ; bataille enfin dont le vainqueur avait voulu perpétuer le souvenir en fondant sur le lieu

même, témoin de sa victoire, un établissement religieux en l'honneur des guerriers qui avaient péri
pour la défense de ses droits.

Aussi S. A. R. Madame la duchesse d'Angoulême,
à qui ces détails n'étaient point étrangers, avait-elle
daigné, le 20 septembre 1823, poser dans l'église
de la Chartreuse la première pierre du monument de
Quiberon ; et c'est ainsi qu'après plus de 400 ans
la Providence permettait que ce lieu servît encore à
la destination spéciale que lui avait assignée son illustre
et pieux fondateur.

Mais en même temps l'auguste princesse avait ex-
primé le vœu que la place où étaient tombés glo-
rieusement ces héroïques défenseurs du trône légitime,
fût consacrée à la vénération des fidèles et qu'une
chapelle expiatoire y fût érigée. Elle-même avait voulu
concourir à cette œuvre de fondation religieuse ; et
le terrain que depuis 28 ans la voix publique ne
désignait plus que sous la dénomination expressive
de *Champ des Martyrs*, racheté des propres deniers
de Son Altesse Royale, avait été le premier don de
sa munificence pour cette pieuse destination.

Ces hommages touchans, rendus à des martyrs
par l'illustre fille de l'infortuné Louis XVI, n'avaient
pas tardé à réveiller dans tous les cœurs le souvenir
d'un désastre long-temps regardé comme le dernier
coup porté à la marine française. On n'avait point
oublié que parmi les émigrés dont se composait
l'expédition de Quiberon, se trouvaient un grand

nombre d'officiers élevés à l'école des Dugay-Trouin, des Jean-Bart, des Lamotte-Piquet, des Suffren, et qui, nourris des leçons de ces grands capitaines, avaient été les plus fermes soutiens de notre puissance maritime pendant les trente années qui avaient précédé la révolution.

Aux sentimens de l'humanité s'était donc joint celui du patriotisme et de l'honneur français pour rendre un éclatant et juste hommage à ces victimes de la fidélité ; aussi l'abondance des souscriptions qui étaient venues de tous les points du royaume se réunir aux dons particuliers du Roi, des princes de sa famille et des hauts fonctionnaires de l'état, avait-elle permis d'ériger à la Chartreuse et au Champ des Martyrs des monumens qui attestent le deuil et l'admiration de la France pour les grandes infortunes dont ils perpétuent le souvenir.

Par ordre du Roi, une commission formée sous les auspices de Son Exc. le ministre de l'intérieur, avait été chargée de surveiller l'exécution de ces monumens ; elle était composée de MM.

Le Cte DE CORBIÈRE, ministre de l'intérieur, président;

Le B.^{on} DE DAMAS, pair de France, ministre de la guerre ;

Le Mis DE CLERMONT-TONNERRE, pair de France, ministre de la marine ;

Le Mis DE VIOMÉNIL, pair et mar.^{al} de France ;

Le Duc DE DAMAS, pair de France, premier gentilhomme de S. A. R. Mgr. le duc d'Angoulême ;

Le Duc DE LEVIS, pair de France, ch.er d'honneur
de S. A. R. Madame la Duchesse de Berri ;

Le Duc DE POLIGNAC, pair de France ;

Le Prince JULES DE POLIGNAC, pair de France, aide
de camp de S. A. R. Monsieur ;

Le C.te D'AUTICHAMP, pair de France ;

Le B.on DE LA ROCHEFOUCAULD, pair de France ;

Le M.is DE COISLIN, pair de France ;

Le V.te DE LAMOIGNON, pair de France ;

Le M.is DE RIVIÈRE, pair de France, capitaine des
gardes de Monsieur ;

L'abbé DESHAYS, supérieur général des Dames de
la Sagesse ;

Le M.is D'HERVILLY, lieutenant colonel ;

Le C.te AUGUSTE DE LA ROCHEJACQUELIN, maréchal
de camp ;

Le C.te DU COETLOSQUET, lieutenant général, directeur du personnel de la guerre ;

Le C.te DE COUTARD, lieutenant général, commandant de la 1.re division militaire ;

Le M.is DE LA BOESSIÈRE, membre de la chambre
des députés ;

Le C.te SÉVÈRE DE LA BOURDONNAYE, membre de la
chambre des députés.

Le C.te DE LA FRUGLAYE, membre de la chambre
des députés ;

Le C.te D'AUGIER, contre-amiral, directeur du personnel de la marine ;

Le Ch.er DE VIELLA, capitaine de vaisseau ;

Le C.te DUBOTDERU, membre de la chambre des
députés ;

Le Ch.^{er} DE MARGADEL, membre de la chambre des députés ;

Le Cte DE LA VIEUVILLE, membre de la chambre des députés ;

GARNIER DUFOUGERAY, membre de la chambre des députés ;

Le Cte DE KERGARIOU, conseiller d'état, membre de la chambre des députés ;

DE POULPIQUET, évêque de Quimper ;

DE CADUDAL, colonel du 26.me de ligne ;

BRISSON, l'un des présidens de la cour de cassation ;

DE BRUC, évêque de Vannes ;

Le Cte DE SAINT-LUC, membre de la chambre des députés ;

Le Cte DE SESMAISONS, membre de la chambre des députés ;

Le Cte DE CHAZELLES, préfet du Morbihan ;

MOISANT, notaire royal à Paris.

Un comité central, pris dans le sein de cette commission et composé de MM.

Le duc DE DAMAS, président ;

Le comte DE COETLOSQUET,

Le comte D'AUGIER,

Le comte DE COUTARD,

Le comte DE KERGARIOU,

Le chev.^{er} DE VIELLA,

et MOISANT,

avait reçu la mission de réunir les souscriptions et d'en diriger l'emploi, de concert avec M. le comte Dubot-déru, commissaire du Roi, et M. le comte De Chazelles, préfet du Morbihan. C'est par les soins particuliers de ce comité qu'ont eu lieu les travaux exécutés tant à la Chartreuse qu'au Champ des Martyrs, travaux dont on essaiera de donner ici une description succincte, extraite de deux opuscules que la circonstance a fait naître.

Sur la place même où périrent les victimes de Quiberon, s'élève un temple d'architecture grecque ; cette chapelle est destinée à y célébrer la messe régulièrement : le développement de cet édifice est de 45 pieds de long, sur à peu près 32 de largeur.

Le fronton, de forme triangulaire, est supporté par quatre colonnes d'ordre dorique, chacune d'un seul morceau de granit venu des carrières situées près de Saint-Malo ; l'intérieur de ce monument est simple et orné seulement d'un autel ; la charpente des combles est en fer, recouverte de plaques de cuivre qui en forment la toiture.

La situation de ce monument, le site pittoresque qui l'entoure, la solitude des lieux et le silence qui y règne feront deviner à l'étranger qu'une triste cause et des souvenirs douloureux ont inspiré l'érection de cette chapelle expiatoire. En y arrivant on rencontre un obélisque en granit et surmonté d'une croix, élevé à la jonction des routes d'Auray et de Pluvigner : sa forme gracieuse et remarquable, en rapport avec le monument, ajoute beaucoup à la beauté de ces lieux que l'art et la nature ont embellis.

Le second monument, qui rappelle la place où sont déposés les restes des victimes, est attenant à la chapelle de la Chartreuse ; sa façade est seulement ornée d'un portique formé de colonnes doriques.

Dans l'intérieur, dont les murs latéraux sont recouverts en placage de marbre noir, à baguettes blanches, se trouve le mausolée qui repose sur un socle de marbre blanc. Les angles sont décorés des génies de la France, tenant dans leurs mains des flambeaux renversés et les palmes du martyre. Ils sont représentés pleurant sur les noms des victimes qui, inscrits au nombre de 1008 sur des tables de marbre, entourent sur trois côtés le premier dé du mausolée. Sur le quatrième côté se trouve une porte en bronze, donnant entrée dans la chapelle ardente pratiquée au-dessus du caveau qui renferme les ossemens. Le premier dé, couronné de sa corniche, est surmonté d'un sarcophage présentant sur la face principale les bustes, en marbre blanc, des Comtes de Sombreuil et de Soulange, exécutés d'après leurs portraits. Du côté opposé à la face principale sont placés les bustes des Comtes Dervilly et de Talhouet, exécutés également d'après leurs portraits.

Sur les faces latérales sont placés deux bas-reliefs représentant, l'un le débarquement, le second le trait sublime de M. de Gesril du Papeu qui, pour assurer le succès de la capitulation, que compromettait le feu d'une corvette anglaise, se jeta à la mer, fut porter à la nage l'ordre de le faire cesser, revint de la même manière, et partagea le sort de ses malheureux compagnons d'armes.

Sur le dé du sarcophage et sur la face principale, un bas-relief demi-circulaire représente la religion protégeant le tombeau des victimes et plaçant sur le mausolée la couronne du martyre.

Le bas-relief circulaire opposé représente en médaillon le buste de René de Hercé, Evêque de Dol, tenu par des séraphins : ce Prélat faisait partie de l'expédition ; on le trouvait partout où il y avait des secours et des consolations à porter.

Les angles du mausolée sont surmontés de fleurs de lis ornées, et les côtés sont couronnés également par un rang de fleurs de lis plus petites.

Sur le côté droit du mausolée on lit cette inscription latine :

Perierunt fratres mei omnes propter Israël.

Sur le côté gauche :

In Deo speravi non timebo.

Autour des quatre faces :

Pro Deo, pro Rege nefariè trucidati ; pretiosa in conspectu Domini mors Sanctorum ejus ; pro animabus et legibus nostris, accipietis gloriam magnam et nomen æternum.

Au fond de la chapelle sont placés deux bas-reliefs représentant, le premier, Son Altesse Royale Mgr.

le Dauphin priant sur les ossemens des victimes de Quibéron ; et le second, Madame la Dauphine posant la première pierre du mausolée.

Les deux édifices et le mausolée ont été exécutés d'après les plans et sous la direction de M. Caristie, architecte, membre du conseil des bâtimens civils, auquel ils font le plus grand honneur.

Les ornemens et ciselures des corniches, frontons, etc., sont dus au ciseau exercé de M. Plantard, et se font remarquer par leur légèreté et leur bon goût.

La statuaire et les bas-reliefs ont été exécutés par MM. Petitot et Roman, qui ont, avec beaucoup d'adresse, surmonté les difficultés qu'offrent dans la sculpture les costumes modernes ; leurs groupes, dans les bas-reliefs, sont bien dessinés et sculptés ; la composition est ferme et gracieuse, et l'exécution des têtes, et surtout des génies éteignant leurs flambeaux, décèle dans ces jeunes artistes un talent d'un ordre supérieur.

La marbrerie a été confiée à M. Corbel, et la porte de bronze sort des ateliers de M. de la Fontaine, de Paris.

Enfin les monumens, dans toutes leurs parties, sont dignes du noble et pieux motif qui les a fait ériger.

Au jour indiqué pour leur inauguration, on vit accourir de tous les points du département, et des départemens voisins, une foule de personnes qu'intéressait vivement cette grande solennité ; depuis si long-temps attendue. Dans toutes les directions les routes étaient couvertes d'une quantité de voyageurs dont l'empressement, joint à la variété de nombreux équipages, offrait l'aspect le plus pittoresque et le plus animé. Depuis plusieurs jours les autorités de la ville d'Auray, où devait se concentrer cette affluence extraordinaire, avaient tout disposé pour qu'elle y trouvât un accueil hospitalier. L'évènement justifia la sage prévoyance des mesures prises à cet effet ; car, si jamais cette cité n'avait vu réunis à tant d'étrangers dans ses murs des détachemens plus nombreux de troupes de toutes armes, jamais accord pour les fêter ne fut plus unanime parmi les habitans, jamais ordre et discrétion ne répondirent mieux de toutes parts à tant d'urbanité.

A huit heures du matin, M. le comte de Chazelles, préfet du Morbihan, que le choix de la commission des monumens de Quiberon et la désignation de Son Exc. le ministre de l'intérieur appelaient à présider à la solennité, se rendit à la mairie d'Auray accompagné d'un grand nombre de fonctionnaires publics ; là se trouvaient MM. le vicomte de Villiers, lieutenant général, commandant la 13.e division ; le comte Redon de Beaupreau, préfet maritime à Lorient ; le marquis de Coislin, pair de France, maréchal de camp, commandant le département ; le marquis de la Boëssière, le chevalier de Margadel, députés du Morbihan ; le général de Cadudal : ces quatre derniers, membres

de la commission des monumens ; le comte de Cas-
tellane, préfet du Finistère ; de Laubrière, député de
ce dernier département ; le comte de Saint-Georges,
le comte Arthur de la Bourdonnaye, maréchal de
camp, députés du Morbihan ; MM. les sous-préfets de
Lorient, de Ploërmel, de Châteaulin, de Quimperlé ;
MM. les maires et adjoints de toutes les communes du
département, décorés de leurs écharpes ; enfin un grand
nombre de personnes notables appartenant à tous les
départemens de la Bretagne et que l'on regrette de
ne pouvoir nommer ici.

Sur la place assez spacieuse, dominée par l'hôtel de
ville, étaient rangés en bataille un escadron du 6.ᵉ
régiment de dragons, sous le commandement de M.
le marquis de Podenas, son colonel ; un bataillon du
12.ᵉ régiment d'infanterie légère, commandé par M. le
marquis de Kersalaun, colonel ; 250 hommes de l'artillerie de marine, avec deux pièces de canon, sous
les ordres de M. le chef de bataillon Gard, et un
fort détachement de gendarmerie, commandé par M.
le comte de Parfourru, capitaine de l'arme dans le
département.

Près de ces troupes l'on remarquait les députations
de toutes les communes du Morbihan, ayant chacune
leur bannière aux blanches couleurs, et se groupant
autour du vieux drapeau des braves débarqués en 1795
à Quiberon, conservé par le général Georges Cadudal,
vénéré par ses compagnons d'armes et sur lequel, à

(13)

a devise *Dieu et le Roi*, est jointe cette pensée de
nos Princes, dans l'exil comme sur le trône, *Vaincre
et pardonner.*

Dans le même temps les fenêtres et les abords de
la place étaient garnis de dames élégamment parées
et de nombreux spectateurs empressés de jouir d'un
spectacle si mouvant et si varié. Aux sentimens qui
se peignaient sur toutes les physionomies, il était facile
de juger avec quelle impatience chacun attendait le
signal du départ.

A 9 heures ce signal se fit entendre ; le cortége
sortit de l'hôtel de ville et, précédé d'un détachement
de dragons, ayant en tête la musique de son régiment, il se mit en marche pour se rendre à la Chartreuse. Ce cortége se composait d'abord des autorités
judiciaires, maritimes, civiles et militaires, selon l'ordre
qu'elles devaient occuper ; ensuite, des membres des
divers corps administratifs et de la marine ; des militaires de tous grades et des députations des communes, bannières déployées. Dans cette réunion, formée de plus de 3000 personnes, on remarquait aussi
plusieurs honorables proscrits échappés aux massacres
de Quiberon, d'Auray et de Vannes.

Les musiques de l'artillerie de marine et du 12.e
léger embellissaient la marche du cortége qui s'avança
ainsi processionnellement entre deux haies d'infanterie,
fermées par des détachemens de dragons et de gendarmerie. Ces troupes étaient dans la plus brillante

ténue ; une population nombreuse se pressait sur leurs pas, et témoignait par son empressement quel intérêt puissant excitait en elle cette pieuse cérémonie. Un soleil radieux rendait cette journée remarquable et semblait annoncer que le ciel avait tout à coup arrêté le cours prolongé de pluies désastrueuses, en faveur de l'acte tardivement expiatoire qui allait consoler les mânes des martyrs de Quibéron.

L'ordre le plus admirable, un recueillement déjà profond régnèrent pendant le trajet ; à la Chartreuse, un sentiment plus religieux encore vint pénétrer l'assemblée à la vue des trois respectables prélats, de Vannes, de Quimper et de Saint-Brieuc, qui reçurent le cortége à la tête de leur clergé. Introduit dans l'église par la porte principale, ce cortége occupa les places qui lui avaient été préparées ; MM. les officiers généraux, préfets et autres autorités supérieurs se placèrent à la droite du mausolée ; la gauche avait été réservée pour les parens des victimes, parmi lesquels vint s'asseoir Mme la marquise de la Gournerie, fille du comte de Talhouet, dont le buste est un de ceux qui décorent le monument.

Les quatre coins et la tête du mausolée furent occupés par cinq officiers généraux ; savoir :

M. le vicomte de Villiers, lieutenant-général, commandant la 13.e division militaire ;

M. le marquis de La Boëssière, maréchal de camp ;

M. le comte Redon de Beauprau, préfet maritime à Lorient ;

M. le baron de Salles, maréchal de camp, commandant l'école royale d'artillerie à Rennes;

M. De Cadudal, maréchal de camp.

On y voyait encore

MM. De Saint-Georges père,

Le contre-amiral de Vossey,

Le comte de La Villegourio,

et le marquis de Querhoënt :

tous quatre échappés aux massacres de Quiberon.

Un grand nombre de Dames, parmi lesquelles on remarquait Madame la marquise de Podenas, Dame d'honneur de S. A. R. Madame, duchesse de Berri, remplissaient le chœur de l'église de la Chartreuse. Les musiques avaient été placées derrière le maître-autel.

A 10 heures l'office commença. Pendant la messe de *Requiem*, célébrée par Mgr. de la Motte de Broons et de Vauvert, évêque de Vannes, assisté de ses grands vicaires et d'un nombreux clergé, les pièces d'artillerie du 1.er régiment de marine ne cessèrent de tirer de cinq minutes en cinq minutes. Le bruit prolongé de ces détonations sans cesse renaissantes, la pompe des offices et l'imposante gravité d'une musique religieuse, frappaient l'âme d'un saint respect et entretenaient dans un profond recueillement l'immense concours de personnes présentes à la cérémonie.

A l'*Offertoire*, le vénérable supérieur du grand séminaire de Vannes, M. l'abbé le Gal, vicaire général du diocèse, rendit un juste tribut de regrets et d'hommages aux victimes de Quiberon dans un discours où il n'a rappelé des temps de persécution que pour en déplorer les malheurs, discours qui a été écouté avec la plus religieuse attention.

A l'*Introït*, au *Sanctus*, au *Domine salvum* et pendant la bénédiction du mausolée, les troupes d'infanterie placées en dehors de l'église firent entendre plusieurs salves de mousqueterie auxquelles répondaient les pièces d'artillerie placées non loin de là.

A l'issue de la messe, les dames furent invitées à passer dans le grand réfectoire de la communauté où un déjeuné leur fut offert. MM. Bloyet, Jardin, Querrel et Dupont, habitans de la ville d'Auray, désignés par M. le préfet pour en faire les honneurs, se sont acquittés de ce soin avec un zèle au-dessus de tout éloge, et qui leur a valu les remercîmens de l'assemblée.

Dans une vaste prairie qui touche au monastère, une tente avait été élevée pour recevoir les vivres et les rafraîchissemens à offrir aux députations des communes. Celles-ci y furent conduites et, se divisant par arrondissemens, occupèrent les quatre pavillons dressés aux extrémités de la tente principale. Chaque arrondissement y planta ses bannières et rien ne saurait exprimer la majestueuse simplicité du tableau qui s'offrit alors à tous les regards.

Au déjeuné des dames, un toast avait été porté au Roi par M. le comte de Chazelles; le cœur y avait répondu avec enthousiasme; celui de la population ne

fut pas moins vif lorsque M. le vicomte de Villiers, lieutenant général, commandant la division., M. le pair de
France, marquis de Coislin, maréchal de camp ; commandant le département, M. le comte Redon de Beauprau, préfet maritime, et M. le comte de Chazelles,
préfet du Morbihan, se présentèrent à chacun des pavillons des députations et répétèrent des vœux pour
chacun de nos princes. L'air retentit à plusieurs re-
prises de ce cri cher aux Bretons : *le Roi long-temps
et les Bourbons toujours !* Cet hommage se renouvela
à chaque bannière et se prolongea à la vue de celle
donnée par S. A. R. Madame la Dauphine à la commune de Grand-Champ, et qu'escortaient avec orgueil
les fidèles habitans de nos campagnes. Une salve de
vingt-un coups de canon vint exciter de nouveau les
témoignages d'amour et de dévouement des enfans de
la Bretagne pour leurs princes légitimes.

L'heure de se rendre au Champ des Martyrs étant
arrivée, le cortége se reforma et reprit sa marche,
précédé cette fois de MM. les évêques de Vannes,
de Quimper et de Saint-Brieuc, accompagnés d'un
nombreux clergé. Dans ce second trajet tout fut grand,
solennel, surtout lorsqu'à l'entrée de la grande avenue
qui conduit à la chapelle expiatoire, le cortége put
prendre son entier développement. Alors s'offrit un spectacle imposant. Le clergé précédait un groupe de lévites
du milieu duquel s'élevaient les insignes des princes de
de l'église présens à la cérémonie ; la multitude de
drapeaux blancs portés par les députations des com-

munes et sans cesse flottans dans les airs, charmait la vûe et rappelait à l'imagination ces époques de notre histoire où, dans les grandes occasions, les chevaliers venaient rallier leurs bannières à l'oriflamme de la monarchie ; cette réunion considérable de membres du sacerdoce, de magistrats, d'officiers généraux et autres que faisaient distinguer au loin et l'éclat des costumes et la richesse des uniformes ; la marche du cortége, lente et silencieuse ; la population se prosternant à la vue du signe révéré des chrétiens ; les sons graves d'une musique funèbre mêlés au chant des cantiques sacrés ; la présence des troupes et le bruit de l'artillerie annonçaient qu'un grand acte public et religieux allait être consommé et remplissaient les esprits de la plus vive attente.

Mais de toutes les émotions que faisaient naître l'aspect du cortége et la vue de tant d'hommes rassemblés pour honorer un grand malheur, la plus générale et la mieux sentie était celle qu'inspirait la présence du vénérable évêque de Quimper, M. de Poulpiquet, par qui la messe allait être célébrée. On se disait de proche en proche qu'il avait été grand vicaire du vertueux évêque de Dol, fusillé à Vannes ; qu'il se trouvait à ses côtés lors du désastre de Quiberon, et que deux fois, dans la même journée, il avait échappé à une mort qui semblait inévitable ; et si l'on demandait à connaître les détails de ce salut miraculeux, on apprenait alors que, fuyant à la nage le sort qui attendait sur le continent ses compagnons d'infortune, et déjà parvenu à saisir de la main une embarcation protectrice, un soldat armé d'une hache allait, par un coup fatal, le replonger au fond de l'abyme, lorsqu'un autre soldat, dont l'histoire aurait dû garder le nom, arriva assez à temps pour arrêter le bras de ce furieux et aider le courageux fugitif à monter sur le bâtiment qui l'a conservé aux malheureux dont il est le consolateur et l'appui.

L'idée des dangers qu'il avait courus, ses cheveux blancs, sa démarche que le poids des années rendait lente et pénible, le devoir douloureux qu'il s'était imposé en venant à cette cérémonie, tout justifiait l'intérêt universel dont ce vénérable prélat était l'objet; en admirant sa force d'âme, en s'identifiant avec les souvenirs cruels qui devaient l'accabler à chaque pas qu'il faisait sur une terre arrosée du sang de ses anciens amis, on ne pouvait néanmoins s'empêcher de bénir la providence qui semblait envoyer tout exprès dans les lieux et au moment marqués pour honorer ces héros, un témoin irrécusable de leurs vertus; qui permettait encore que, dans les premières invocations parties de l'endroit même où ils avaient reçu la couronne du martyre, ils entendissent, du séjour des justes, les accens d'une voix qui leur avait été chère.

On admirait aussi le pieux empressement avec lequel M. le Groing de la Romagère, évêque de Saint-Brieuc, était venu rendre les devoirs funèbres aux victimes de Quiberon; il n'avait point été étranger aux malheurs de cette fatale expédition dans laquelle s'étaient trouvés deux de ses frères, heureusement échappés au sort funeste qui atteignit le premier débarquement.

Pendant que ces divers détails volaient de bouche en bouche et faisaient le sujet de toutes les conversations, l'artillerie, soutenue par le feu de l'escadrille placée sur la rivière de Tréhauray, vis-à-vis le Champ des Martyrs, annonçait, par ses fréquentes décharges, l'approche du cortége. Bientôt il arriva à la chapelle, et l'immense population qui de toutes parts était accourue à sa rencontre, se plaçant sur les hauteurs qui bordent, en forme d'amphithéâtre, l'un des côtés du Champ des Martyrs, il fut aisé de juger que 30,000 personnes au moins assistaient à la solennité.

Sur l'une des terrasses élevées autour du Champ fatal, l'infanterie vint se former en colonne serrée, faisant face à la rivière de Tréhauray; les dames se placèrent sur la terrasse opposée; la cavalerie prit position dans le chemin creux du même côté; l'artillerie garda la sienne à la demi-lune qui précède l'entrée du Champ des Martyrs où le cortége tout entier se trouvait en ce moment.

Alors MM. les évêques et les membres du clergé montèrent les marches de la chapelle expiatoire, et furent occuper les places qui leur étaient destinées dans l'enceinte du monument et sous le pérystile. Ces dispositions terminées, chacun put contempler le magnifique tableau qui s'offrit alors de toutes parts : ici l'on voyait les avenues de la chapelle et les côteaux voisins couverts par une quantité prodigieuse de spectateurs ; là le Champ des Martyrs occupé par un brillant cortége et par les députations des communes ; les degrés et le péristile du temple garnis d'un nombreux clergé ; enfin les troupes d'infanterie, de cavalerie et d'artillerie qui semblaient comme jetées çà et là pour ajouter à la beauté et à la variété de la scène. Ces divers objets captivaient tour à tour l'attention, lorsqu'un léger murmure ramena tous les regards du côté de la chapelle expiatoire ; il était occasionné par l'annonce que M. de Poulpiquet allait prendre la parole. En effet on vit ce vénérable prélat s'avancer près des marches du péristile, et bientôt on l'entendit prononcer d'une voix émue le discours qui suit :

MESSIEURS,

Échappé, comme par miracle, aux malheurs dont la religion consacre aujourd'hui le souvenir, je bornais tous mes vœux à venir prier une seconde fois, dans ce lieu d'expiation, pour d'illustres amis dont j'ai vu de près le courage et les nobles vertus ; mais, rendu sur le terrain même qu'ils arrosèrent de leur sang, comment pourrais-je comprimer les sentimens qui remplissent mon âme, et ne pas payer le juste tribut de mes regrets et de ma vénération à des héros chrétiens que je révère comme des martyrs.

Mes cheveux blancs m'avertissent que nous sommes déjà loin de ce temps qui fut marqué par la plus horrible catastrophe. Les débris échappés à cette dernière lutte de la fidélité malheureuse ont disparu, pour la plupart, dans la nuit du tombeau : encore quelques années, et aucun témoin n'aurait paru dans cette cérémonie pour rendre témoignage à une grande infortune, qu'une grande résignation rendit plus touchante encore.

L'impartiale histoire rendra justice à la valeur guerrière de ces Français fidèles et si dignes d'un meilleur sort. Pour moi, une autre tâche convient à mon ministère, et j'appellerai votre admiration sur un genre d'héroïsme plus sublime encore que celui du guerrier. Messieurs, pour un Français la mort est toujours belle, lorsqu'elle se présente au champ d'honneur, environnée de gloire; mais cette mort affreuse et sans prestige, qui vient saisir dans les fers sa victime désarmée, ah! comment l'homme le plus intrépide trouverait-il dans son cœur assez de force pour la braver? La nature peut bien donner le courage qui fait les héros, mais la religion seule peut inspirer la noble résignation qui fait les martyrs.

C'est la religion, cette source féconde des sentimens élevés, qui soutint les illustres victimes de Vannes et d'Auray. Ici, Messieurs, quels noms viennent s'offrir à ma mémoire! Hercé, vénérable pontife, et si digne, par son courage et par ses vertus, de l'être d'une armée combattant pour le trône et pour l'autel! Sombreuil, héros chrétien qui, à l'exemple de son Dieu, donna sa vie pour sauver les siens!

Leur mort servit de modèle à tous ceux qui partagèrent leur martyre : tous y marchèrent avec joie, après avoir eu le bonheur de purifier leur âme dans le sacrement de pénitence.

Ainsi devaient mourir ces guerriers qui, jusque dans le tumulte des camps, donnèrent l'exemple de toutes les vertus ; ces guerriers qui ne séparèrent jamais dans leur cœur ces deux sentimens si dignes de s'allier ensemble : l'amour de leur Dieu et celui de leur Roi. *Vive le Roi !*

Ce discours, où la sensibilité de l'homme privé et le caractère évangélique du ministre des autels se peignent en traits si touchans et si sublimes, fut suivi des cris unanimes de *vive le Roi !* et immédiatement après la messe commença. Elle fut célébrée, comme on l'avait annoncé, par le vertueux prélat dont le langage attendrissant venait de produire une si vive émotion dans l'assemblée, et il est inutile de dire qu'elle fut entendue avec toute la décence convenable : fonctionnaires et administrés, militaires et citoyens, tous montraient par leur attitude grave et silencieuse qu'ils étaient pénétrés des hautes leçons que renfermait cette triste cérémonie.

Les mêmes salves d'artillerie et de mousqueterie qui avaient, à la Chartreuse, marqué les principales circonstances de la consécration du mausolée, furent répétées à celle de la chapelle expiatoire. L'escadrille y joignit le feu constant de ses batteries. Placée sur un bras de mer que l'abaissement de la marée dérobait à la vue des spectateurs, cette escadrille, dont on n'apercevait que les mâtures pavoisées, produisait l'effet le plus pittoresque au milieu des champs de verdure. Parmi les péniches qui la composaient, celle commandée par M. le comte de Montalembert, chevalier de Saint Louis, se faisait remarquer par la vivacité de ses salves fréquemment répétées.

Mais une scène que la vaste étendue des lieux devait rendre bien autrement majestueuse que toutes celles qui avaient précédé, se préparait dans ce moment ; la bénédiction allait être donnée..... une salve de vingt-un coups de canon l'annonça..... un saint recueillement saisit l'assemblée..... tous les fronts s'abaissèrent..... le pieux évêque parut sur les marches du pérystile..... l'airain tonnait..... la fumée et l'encens s'élevaient jusqu'au ciel..... les bannières étaient inclinées..... Dans cet instant solennel où tout un peuple prosterné unissait ses vœux aux prières de la religion, le Champ des Martyrs fut à jamais consacré et lavé de la souillure que lui avait imprimée un horrible forfait. Immédiatement après le clergé, descendant processionnellement les degrés de la chapelle, vint à pas lents se placer vis-à-vis du pérystile, en avant des députations, et là, Mgr. l'évêque de Vannes, entonna le *Domine salvum fac Regem.* Cette hymne, répétée par des milliers de bouches avec le plus fervent enthousiasme, avait électrisé tous les cœurs, et de nombreuses acclamations de *vive le Roi* vinrent exprimer les sentimens dont ils étaient pénétrés.

A la suite de ces transports généreux, le calme et le silence s'étant rétabli, M. le comte de Chazelles prit la parole et prononça le discours suivant :

MESSIEURS,

IL est enfin venu ce jour où tant de vertus vont recevoir de pieux hommages, où tant de malheurs vont être consacrés..... ce jour où la France reconnaissante peut librement porter autour de cette enceinte ses prières, ses larmes et ses regrets..... Français de tous les rangs, venez déposer sur la tombe du courage malheureux les lauriers des combats et la palme du martyre..... Venez puiser dans de déchirans souvenirs l'horreur des discordes civiles qu'enfantent les révolutions.....

Ce fut non loin de ce dernier asile que les soldats de la fidélité descendirent à flots pressés sur la terre natale pour y replacer la croix sur l'autel, la légitimité sur le trône. Cette sainte et noble entreprise méritait le succès le plus glorieux ;..... mais hélas ! les temps marqués par l'Eternel pour la délivrance de la patrie, courbée sous le joug de l'anarchie et de l'impiété, n'étaient point encore arrivés.

Victorieuse d'abord, l'armée de Quiberon vit bientôt la fortune abandonner ses drapeaux, et après plusieurs combats sanglans, placée entre l'océan irrité et un ennemi qu'elle regardait comme plus dangereux encore, elle n'eut plus que le choix de la destruction..... Dans ce moment affreux une voix généreuse se fit entendre, c'était celle d'un jeune guerrier : son cœur frémit d'horreur à l'idée de donner la mort à des Français désormais sans défense. Il offrait l'existence et la paix, et l'on dut croire à ses promesses..... Mais à cette époque de douloureuse mémoire où l'honneur s'était réfugié dans les camps, la terreur qui couvrait la France d'un voile ensanglanté venait l'y poursuivre jusque sous les tentes militaires, et ces hommes intrépides sur le champ de bataille, tremblant à l'idée d'un trépas sans gloire, baissaient timidement la tête devant les proconsuls sanguinaires attachés à leurs pas.....

Les soldats de Quiberon, confians dans leur adversaire, étaient sans crainte pour leur vie; ils reçurent tous la mort..... L'histoire fera connaître les regrets inutiles du général, la joie féroce du conventionnel qui fit massacrer ses prisonniers, la douleur des guerriers qui s'étaient trouvés en présence de ces hommes dévoués autant que courageux, dont le dernier soupir, en succombant sur le sol paternel, fut un cri d'amour pour nos princes.

Long-temps le voyageur, en parcourant ces champs désolés, demanda, de ses regards attendris et inquiets, une pierre qui pût indiquer à sa pieuse recherche la place où tombèreut des héros, où des soldats français, frémissant à l'énormité du crime, laissèrent à des mercenaires étrangers à frapper des Français malheureux et fidèles.....

Une héroïque princesse, modèle de vertu et de piété, se trouvait parmi nous lorsque furent jetés, le 20 sep-

tembre 1823 , les fondemens du mausolée de la Char‑
treuse ; elle daigna présider aux solennités de cette
cérémonie religieuse , et posa la base du monument
au lieu même où son auguste époux était venu , dès
1814, honorer les mânes des illustres victimes..... Après
avoir frappé la pierre monumentale qui doit perpétuer
à jamais la mémoire de la fidélité malheureuse, Madame
la Dauphine voulut visiter le sol même qui fut arrosé
du sang de ses défenseurs , et le champ des martyrs
fut sanctifié par les larmes de la fille du Roi‑martyr.....
Aux souvenirs déchirans attachés à ces lieux vint se
mêler le regret de ne point les voir consacrés , et
l'auguste princesse voulut encore qu'ils devinssent invio‑
lables désormais.

Le 16 octobre Son Altesse Royale ordonna que ce
terrain précieux fût acheté , choisissant ainsi le jour où,
en proie à d'amers regrets , sa douleur ne pouvait
être soulagée que par un bienfait si analogue à la pénible
situation de son cœur..... La reconnaissance publique
vint s'unir à la piété royale pour élever cette chapelle
expiatoire que les ministres de la religion viennent de
consacrer : et c'est ainsi, Messieurs, que la munificence
de nos princes n'a pas fait seule les frais de ces nobles
monumens. Tous les amis de la religion et de la royauté
ont voulu y contribuer, et l'obole du pauvre est venue
s'ajouter à l'offrande du riche pour ériger un tombeau
tardif aux victimes de Quiberon !.... Leur fidélité cou‑
rageuse étant un titre d'honneur pour la France , elle

a revendiqué celui de consacrer leur mémoire aux lieux mêmes où ils tombèrent irréprochables.

Il y a dans cet acte de piété nationale, Messieurs, un témoignage touchant d'amour pour nos Rois que vos cœurs sont faits pour comprendre. Un peuple qui s'unit ainsi pour honorer un grand acte de dévouement, comprend à la fois sa force et sa dignité;..... il prouve que si l'audace sacrilége de quelques hommes a pu parvenir à le séparer long-temps du trône légitime, elle fut impuissante pour lui en faire oublier les bienfaits et lui ôter la volonté de le rétablir.....

Le monument qui vient de recevoir sous vos yeux une consécration religieuse est donc destiné à immortaliser un grand acte de dévouement au trône, et celui des sujets fidèles qui l'élevèrent sous les auspices d'une commission dont nous regrettons tous, Messieurs, de ne pas voir le noble chef * présider à cette solennité.

Les noms inscrits sur le mausolée de la Chartreuse appartiennent à toute la France, car ils témoignent qu'il y avait des braves de toutes les parties du royaume parmi ceux qui périrent à Quiberon, à Vannes et sur ce sol où nous foulons les cendres des preux. Mais il était reservé aux enfans de la Bretagne, témoins de leurs désastres, de recevoir le monument qu'a voulu leur ériger la piété publique, et qui, j'osé le dire, ne pouvait être confié à des mains plus fidelles : nulle part il n'aurait été entouré de plus de respect..... Dans ces contrées dont la devise fut toujours *Dieu et le Roi*, le passé répond de l'avenir comme du présent ; il dit que vos enfans, ainsi que vous, Messieurs, ne s'approcheront jamais de ces lieux sans éprouver ces sentimens vifs et profonds qui font battre vos cœurs d'amour et de reconnaissance pour les fils de Saint Louis..... Comme vous, Messieurs, ils vénéreront la mémoire des braves de Quiberon..... Qui pourrait oublier jamais leur courage héroïque, leur fidélité et leurs malheurs!.... Votre attitude religieuse, vos yeux que mouillent la douleur et l'admiration, tout m'assure que vous êtes pénétrés des souvenirs que renouvelle cette triste solennité.

Oui, SOMBREUIL, D'HERCÉ, TALHOUET, SOULANGE! vos cendres glorieuses ont fécondé nos champs; elles feront naître des héros qui sauront, comme vous, mourir pour leur Dieu, leur Roi, la France et les Bourbons! *Vivent le Roi long-temps et les Bourbons toujours!*

Ce discours, qui a été suivi des cris long-temps répétés de *vive le Roi, vivent les Bourbons,* a paru faire une impression générale et profonde.

Une salve faite à la fois par les troupes de terre et de mer termina cette cérémonie; ce fut, pour les nombreux spectateurs qu'elle avait attirés, le signal de la retraite; tout entière aux vives impressions qu'elle venait de recevoir, la foule s'écoula de tous côtés sans tumulte, et le cortége, reconduit par les troupes, rentra dans la ville d'Auray de la même manière qu'il en était parti le matin.

Une distribution a été faite par les soins de M. le préfet aux plus nécessiteux des anciens militaires des armées royales; dans une journée où leur dévouement recevait de si glorieux hommages, on devait désirer qu'ils ne fussent pas oubliés, et tous les amis du trône ont applaudi à la pensée qui avait voulu marquer l'inauguration des monumens de Quiberon par des bienfaits si analogues à la circonstance.

Ils sont donc érigés et consacrés ces monumens que depuis si long-temps demandaient la religion et l'humanité. Si le deuil dont ils portent les emblèmes ne peut désarmer la sévérité de l'histoire; si la postérité doit apprendre l'affreux attentat qu'ils ont pour objet d'expier, du moins ils attesteront que la France, rendue à elle-même, orna le Champ des Martyrs des cyprès de sa douleur; qu'elle y protesta de son horreur pour les discordes civiles, et y renouvela le serment solennel de ne jamais séparer sa cause de celle du trône légitime, seul garant de son bonheur et palladium de ses libertés.

AUX VICTIMES DE QUIBERON :
HOMMAGE D'UN SOLDAT BRETON.

Potiùs mori quàm fœdari.
Plutôt mourir que de se déshonorer.

COUPLETS

Chantés au réfectoire de la Chartreuse, le 15 octobre 1829, jour de l'inauguration du monument.

Air de la Complainte de LOUIS XVI, *Roi de France*, *Martyr* :

Le monde pour moi n'est plus rien,
Un instant et je cesse d'être, etc., etc.

I.er

FRANÇAIS fidèles au vrai DIEU,
Nous proclamons votre courage,
En expirant sur cette plage   (1)
Pour le ROI, vous fîtes un vœu ;

Votre sang rougit cette terre ,   (2)
Depuis arrosée de nos pleurs :
S'il est un terme à nos douleurs ,
Notre amour ne saurait se taire.   (*bis.*)

IIme

Dans ce jour désormais si beau !
Je sens renaître l'espérance ,
Oui , comme nous , toute la France
S'inclinera sur ce tombeau.
Dignes enfans de LOUIS SEIZE !
Ces lieux ont reçu votre encens ;   (3)
Toujours des bons Français le sang
Coulera pour MARIE-THÉRÈSE.   (*bis.*)

IIIme

De l'honneur , aussi des vertus ,
Nous trouvons ici les modèles ,
Et sur leurs palmes immortelles
Flotte l'étendard de JÉSUS ;
O France ! ô ma belle patrie !
Grave 710 noms de preux :   (4)
HERCÉ, GESRIL, SOMBREUIL, RIEUX,.....   (5)
Tous t'aimèrent plus que la vie.   (*bis.*)

IV.^{mo}

Parens , amis , princes et ROI ,
Rendons hommage à leur mémoire ,
Enfin le burin de l'histoire
Vient consacrer ce noble exploit.

(3)

O tardive reconnaissance ! (6)

Nos cœurs t'appelaient dès long-temps ;

L'avenir, qui compte les ans,

T'accusera d'indifférence. (*bis.*)

Vme

Honneur à ce peuple Breton !

Pour vous animé d'un saint zèle ; (7)

On le trouva toujours fidèle

A notre DIEU comme aux BOURBONS ;

Du sein de la gloire éternelle

Obtenez pour lui des bienfaits ;

Il fit pour vous mille souhaits

Et pour vous tresse l'immortelle. (*bis.*)

Par le Secrétaire de la Commission départementale de la
Loire-Inférieure, pour le monument de Quiberon,

CH. H......

NOTES.

(1) Le Morbihan, 1795.

(2) A diverses époques, *la Garenne*, à Vannes ; *Keraude*, dans la presqu'île de Quiberon, et *le Champ des Martyrs*, dans la commune de Brech, près la bonne ville d'Auray.

(3) Dès le 1.er juillet 1814, Son Altesse Royale Monseigneur le Duc d'Angoulême, neveu et gendre de Louis XVI, aujourd'hui Dauphin de France, se rend à l'église de la Chartreuse pour prier sur les ossemens qui y avaient été transportés du *Champ des Martyrs* ; ce monticule sacré avait pour unique ornement ces quatre vers :

« Courageux défenseurs de l'autel et du trône,

» Ils tombèrent martyrs de leurs nobles efforts :

» Quel Français, pénétré des droits de la couronne,

» Ignore ce qu'il doit à ces illustres morts ! »

Son Altesse Royále Madame la Dauphine, fille de Louis XVI, que les Bretons sont toujours *affamés* de voir, part de Nantes pour le Morbihan le 19 septembre 1823 (vers 9 heures du soir), pose, le samedi 20 septembre au matin, la première pierre du monument qu'on doit élever à la Chartreuse pour les victimes de Quiberon, visite ensuite le Champ des Martyrs et Sainte-Anne.

Quelques jours après, l'auguste fille du Roi-martyr fait l'acquisition du *Champ des Martyrs.*

(4) Dans ce nombre ne sont pas compris ceux morts dans les combats, les flots, les prisons et hôpitaux.

(5) Monseigneur Urbin-René DE HERCÉ, évêque de Dol, qui, par un excès de charité, demanda à faire partie de cette mémorable expédition.

Joseph-Anne GESRIL DU PAPEU, lieutenant de vaisseau, né à Saint-Malo le 25 février 1767, domicilié à Rougé, département de la Loire-Inférieure. Qui ne connaît le beau trait d'humanité et de courage de ce noble Breton, qui fut à la nage faire cesser le feu des Anglais et revint de même pour mourir avec ses frères d'armes.

Le général Comte Charles DE SOMBREUIL, qui offrit son sang pour conserver les jours de ses compagnons d'armes.

Le Comte Louis DE RIEUX, dernier rejeton d'une famille illustre, chère à la Bretagne. Il fut fusillé sous le nom d'ASSÉRAC (commune de l'arrondissement de Savenay, département de la Loire-Inférieure), dont il était Seigneur.

(6) Par quelle fatalité un monument autorisé par Sa Majesté LOUIS XVIII, dès le mois de novembre 1814, n'a-t-il pas été construit à son retour en 1815 ?

Ce n'est qu'en 1824, après le voyage de Madame la Dauphine en Bretagne, qu'on a commencé à s'en occuper.

(7) Les bons habitans du Morbihan, je voudrais tous les citer ; ne le pouvant pas, je ne puis mieux les représenter qu'en nommant l'excellente et vertueuse Comtesse DE GOUVELLO, née DAMPIERRE, demeurant à son château de Kerantré, près Auray.

Au château du E.... près Nantes, ce 20 septembre 1829.

CH. H...

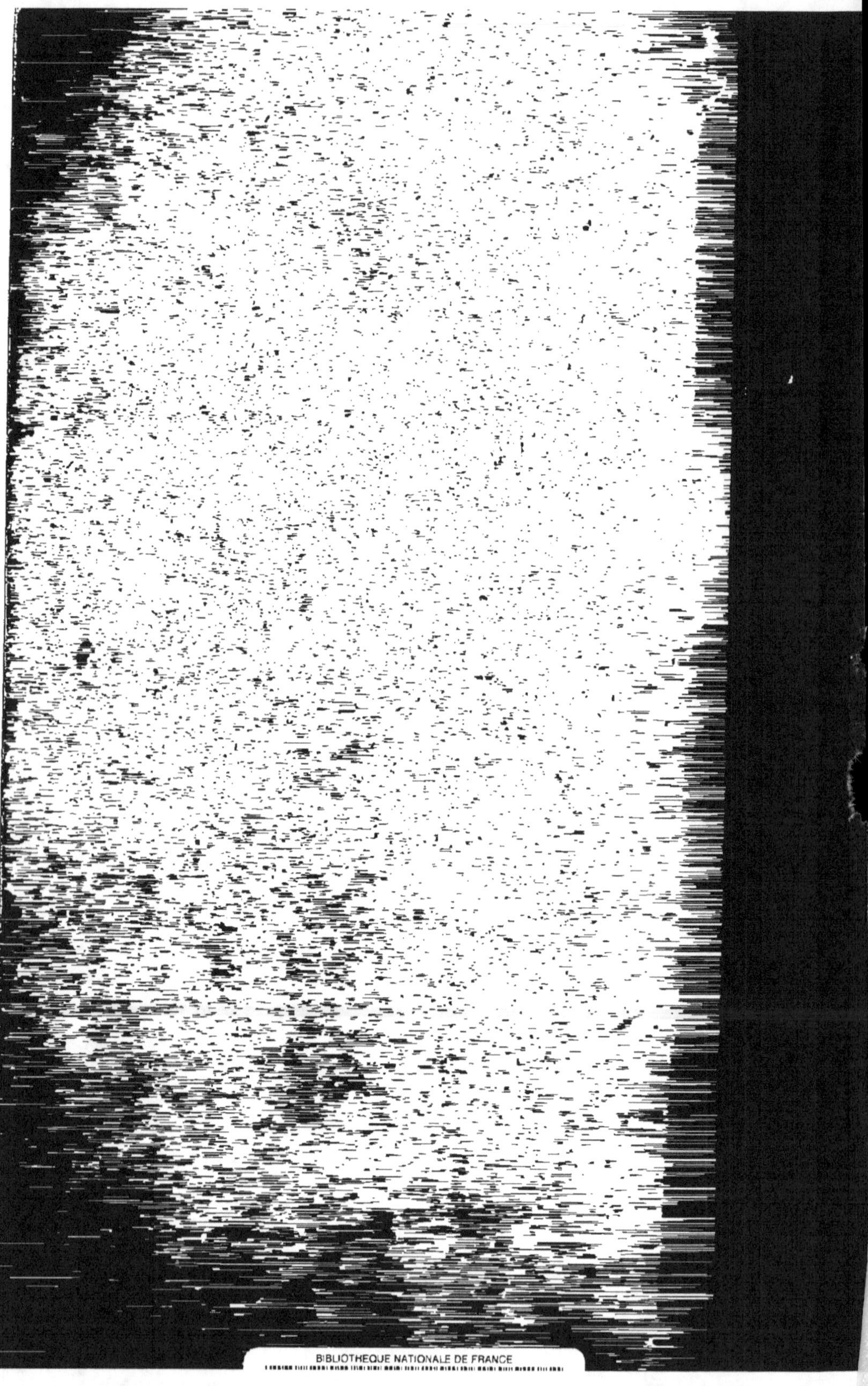